Kati Franke

Kritische Betrachtung der materiellen und immateriellen Instrumente zur Verbesserung der Mitarbeitermotivation

GRIN - Verlag für akademische Texte

Der GRIN Verlag mit Sitz in München und Ravensburg hat sich seit der Gründung im Jahr 1998 auf die Veröffentlichung akademischer Texte spezialisiert.

Die Verlagswebseite http://www.grin.com/ ist für Studenten, Hochschullehrer und andere Akademiker die ideale Plattform, ihre Fachaufsätze und Studien-, Seminar-, Diplom- oder Doktorarbeiten einem breiten Publikum zu präsentieren.

Dokument Nr. V59455 aus dem GRIN Verlagsprogramm

Kati Franke

Kritische Betrachtung der materiellen und immateriellen Instrumente zur Verbesserung der Mitarbeitermotivation

GRIN Verlag

Bibliografische Information Der Deutschen Bibliothek: Die Deutsche
Bibliothek verzeichnet diese Publikation in der Deutschen Nationalbibliografie; detaillierte bibliografische Daten sind im Internet über http://dnb.ddb.de/
abrufbar.

1. Auflage 2005
Copyright © 2005 GRIN Verlag
http://www.grin.com/
Druck und Bindung: Books on Demand GmbH, Norderstedt Germany
ISBN 978-3-638-66673-2

University of Cooperative Education

Studienarbeit

Kritische Betrachtung der materiellen und immateriellen Instrumente zur Verbesserung der Mitarbeitermotivation

Vorgelegt am:	14.11.2005
Ausbildungsbereich:	Wirtschaft
Fachrichtung:	Handel
Studienjahrgang:	WHD 2003 B
Studienhalbjahr:	5. Semester
Studienfach:	Personalmanagement (ABWL)
Von:	Kathrin Franke

Gliederung

Abkürzungsverzeichnis..II

Abbildungsverzeichnis...III

Tabellenverzeichnis.. IV

1 Einleitung.. 1

2 Motivation...3

    2.1 Was ist Motivation?.. 3

    2.2 Motivationstheorien.. 5

3 Materielle Motivationsinstrumente.. 11

    3.1 Geld als Motivationsinstrument..................................... 11

    3.2 Lohnformen.. 12

4 Immaterielle Motivationsinstrumente..................................... 16

    4.1 Motivation durch das Unternehmen...............................16

    4.2 Motivation durch die Führungskräfte............................ 18

5 Kommunikation als Motivationsinstrument........................... 22

    5.1 Warum ist Kommunikation so wichtig?........................ 22

    5.2 Kommunikationsarten... 23

6 Fazit..31

Literaturverzeichnis... V

Abkürzungsverzeichnis

1. a. a. O. = am angegebenen Ort
2. Btx = Bildschirmtext
3. bzw. = beziehungsweise
4. d.h. = das heißt
5. E-Mail = Electronic Mail
6. ERG-Theorie = Existence needs-Relatedness needs-Growth needs-Theorie
7. Hrsg. = Herausgeber
8. u.ä. = und ähnliches
9. usw. = und so weiter
10. vgl. = vergleiche
11. VIE-Theorie = Valenz-Instrumentalitäts-Erwartungs-Theorie
12. z.B. = zum Beispiel

Abbildungsverzeichnis

Abbildung 1: Die drei wichtigsten Ausformungen der intrinsischen Motivation
(Seite 5)

Abbildung 2: Die Hierarchie menschlicher Bedürfnisse nach Maslow
(Seite 7)

Abbildung 3: Das Motivationsmodell nach Alderfer
(Seite 8)

Abbildung 4: Bestimmungsfaktoren der Motivation in der Erwartungsvalenz-Theorie
(Seite 10)

Abbildung 5: Der Ablauf der Kommunikation
(Seite 25)

Abbildung 6: Ausgewählte Modelle der Massenkommunikation
(Seite 27)

Tabellenverzeichnis

Tabelle 1:   Vor- und Nachteile des reinen Zeitlohns

(Seite 13)

Tabelle 2:   Vor- und Nachteile des Akkordlohns

(Seite 15)

1 Einleitung

Die Mitarbeitermotivation ist ein Thema, das in jedem Unternehmen präsent ist, denn ein erfolgreiches Unternehmen braucht motivierte Mitarbeiter. Das ist allerdings nicht so einfach, wie es sich anhört. Denn Mitarbeiter lassen sich nicht auf Befehl für die Ziele des Unternehmens begeistern und programmieren. Man kann den Mitarbeitern vorschreiben, etwas zu tun, aber man kann sie nicht dazu zwingen, dies auch wirklich zu wollen. Unternehmen, die das ganze Potenzial ihrer Mitarbeiter nutzen wollen, dürfen eben nicht nur befehlen, sondern müssen auch motivieren, d.h. die Lust des Einzelnen an der Arbeit fördern und stärken. Dabei ist die heute noch weit verbreitete Auffassung, dass Geldanreize genügen, um Mitarbeiter zu motivieren, weit verfehlt. Neben den materiellen müssen auch die immateriellen Anreize zur Verbesserung der Mitarbeitermotivation und hier vor allem die Freude an der Arbeit an sich geweckt werden. Dafür stehen einem Unternehmen zahlreiche Instrumente zur Verfügung, deren wohldosierter und abgestimmter Einsatz die Motivation der Mitarbeiter positiv beeinflussen kann.
Eine zentrale Bedeutung bei der Mitarbeitermotivation kommt jedoch der Kommunikation zu, denn um die Mitarbeiter für die Unternehmensziele zu gewinnen und zu begeistern, ist es wichtig, klare Ziele zu formulieren, einen freien Informationsfluss in alle Richtungen zu garantieren und die Mitarbeiter an der Entscheidungsfindung mitwirken zu lassen. Das sind die Vorraussetzungen für eine gute Kommunikation in einem Unternehmen, die man aber nur erreicht, indem die Mitarbeiter aller Ebenen miteinander kommunizieren und sich die Vorgesetzten nicht von den Mitarbeitern distanzieren. Ein weiterer wichtiger Aspekt ist aus führungsorientierter Sicht das Ziel, ein Optimum zwischen materiellen und immateriellen Instrumenten zur Verbesserung der Mitarbeitermotivation zu schaffen. Denn nur mit diesem Ziel in den Augen können die Mitarbeiter motiviert und das Leistungsergebnis optimiert werden.

Das Ziel dieser Studienarbeit ist die kritische Betrachtung der materiellen und immateriellen Instrumente zur Verbesserung der Mitarbeitermotivation und aufgrund der oben aufgeführten Notwendigkeit befasst sich diese Arbeit mit der Definition des Begriffes „Motivation" und soll die unterschiedlichen materiellen

und immateriellen Instrumente zur Verbesserung der Mitarbeitermotivation darstellen und ihre Wirkungsmöglichkeiten aufzeigen. Ein weiterer Schwerpunkt dieser Arbeit ist die Kommunikation in einem Unternehmen, die zu den immateriellen Instrumenten der Mitarbeitermotivation gehört.

Im zweiten Kapitel dienen die Inhalts- und Prozesstheorien der Motivation als theoretische Grundlagen.

Um die Frage beantworten zu können, wie man Mitarbeiter dauerhaft motiviert, ist es von großer Bedeutung, die wissenschaftlichen Grundlagen mit ihren theoretischen Ansätzen und Definitionen der Begriffe, die im Mittelpunkt dieser Studienarbeit stehen, zusammenzufassen.

Genau aus diesem Grund sind die unterschiedlichen Motivationstheorien so wichtig, da sie annähernd eine Antwort auf das „Wie" und „Warum" des menschlichen Handelns geben.

Das dritte Kapitel befasst sich mit den materiellen Instrumenten zur Verbesserung der Mitarbeitermotivation.

Hier wird zum Einen das Geld als Motivationsinstrument näher dargestellt bzw. wird aufgezeigt, wie sich die Entlohnung auf die Mitarbeitermotivation auswirkt. Zum Anderen werden die verschiedenen Entlohnungsformen, wie z.B. der Zeit-, Akkord- und Prämienlohn, detaillierter beschrieben und erklärt.

Das vierte Kapitel handelt von den immateriellen Instrumenten zur Verbesserung der Mitarbeitermotivation.

Hier wird dem Leser die Motivation durch das Unternehmen und die Führungskräfte selbst erörtert. Bei der Motivation durch das Unternehmen geht es um die Arbeitserweiterung, die Arbeitsbereicherung und den Arbeitsplatzwechsel. Die Motivation durch die Führungskräfte beinhaltet die verschiedenen Führungsstile und wie sich diese auf die Mitarbeitermotivation auswirken. Hier gibt es den autokratischen, den bürokratischen, den charismatischen, den patriarchischen und den kooperativen Führungsstil.

Im fünften Kapitel handelt es von der Kommunikation als Instrument zur Verbesserung der Mitarbeitermotivation und den verschiedenen Kommunikationsarten.

Hier wird geklärt, warum die Kommunikation so wichtig für ein Unternehmen ist, und wie sich die verschiedenen Kommunikationsarten auf die Motivation der Mitarbeiter auswirken. Bei den Kommunikationsarten unterscheidet man in die interne Individualkommunikation und in die interne Massenkommunikation.

2 Motivation

2.1 Was ist Motivation?

Für den Begriff „Motivation" findet man in der Fachliteratur zahlreiche Definitionen, z.B. ist die Motivation ein

- „Begriff aus der Persönlichkeitspsychologie, mit dem in der Arbeitswelt alle Antriebskräfte und Beweggründe zusammengefasst werden, die den Menschen veranlassen, seine berufliche Tätigkeit zu erbringen bzw. zu verbessern. Für hohe Leistungsbereitschaft sind materielle Anreize allein nicht ausreichend. Es kommt auch darauf an, in den Betrieben organisatorisch und führungsmäßig Vorraussetzungen zu schaffen, die es dem einzelnen erlauben, ein hohes Maß an Eigeninitiative zu entwickeln."[1]
- „Unter Motivation versteht man die Vorgänge und Faktoren, die menschliches Verhalten auslösen bzw. verständlich machen. ... Die Deutung des Motivationsbegriffes ist in hohem Maße abhängig von der angewendeten Motivationstheorie. ... Die optimale Ausnutzung des Leistungsvermögens der Mitarbeiter zur Realisierung der Unternehmensziele hängt demnach mehr denn je davon ab, inwieweit die Mitarbeiter ihre eigenen Ziele durch ihren persönlichen Einsatz für das Unternehmen realisieren können."[2]
- „Motivation ist der Motor für die Tätigkeiten. Motivation ist unsere *innere Einstellung*, die Hinwendung zu einer Tätigkeit auslöst."[3]
- „Determinante von Intensität und Richtung menschlichen Verhaltens mit Prozesscharakter unter Umwelt- und Organismusbezug."[4]

---

[1] **Rump, Paul** (Hrsg.) / Kaufmännisches Lexikon / München / 1985 / Seite 306.
[2] **Jung, Hans** / Personalwirtschaft / 6., durchgesehene Auflage / München; Wien / 2005 / Seite 359.
[3] **Stroebe, Rainer W. & Stroebe, Guntram H.** / Motivation / 9., überarbeitete Auflage / Heidelberg / 2004 / Seite 29.
[4] **Nick, Franz R.** / Management durch Motivation / Stuttgart; Berlin; Köln; Mainz / 1974 / Seite 193.

➢ Mitarbeiter werden entweder durch von außen festgelegte Belohnungen und Zwänge (extrinsische Motivation) oder durch die innere Befriedigung in der Arbeit und durch Identifikation mit gemeinsamen Normen (intrinsische Motivation) motiviert.[5]

Zusammenfassend lässt sich sagen, dass die Motivation ein Antriebsmotor und die Bereitschaft der Menschen ist, sich zu Handlungen, Entscheidungen und Taten zu entscheiden und so ein Ziel zu erreichen.

Die Motivation spielt somit in sehr vielen Bereichen des Lebens der Menschen eine große Rolle und wie oben erwähnt kann diese Motivation entweder extrinsisch oder intrinsisch sein.

Die *extrinsische Motivation* dient einer mittelbaren oder instrumentellen Bedürfnisbefriedigung. Extrinsisch motiviert ist man im Beruf dann, wenn die unmittelbare Bedürfnisbefriedigung ausserhalb der Arbeit gesucht wird. Die Arbeit selbst ist in diesem Fall lediglich ein Instrument, um auf dem Umweg über die Entlohnung die eigentliche Bedürfnisbefriedigung zu erreichen.[6]

Bei der *intrinsischen Motivation* stellt im Gegensatz zur extrinsischen Motivation die Aktivität oder deren Ziel eine unmittelbare Bedürfnisbefriedigung dar.[7]

---

[5] **Frey, Bruno S. & Osterloh, Margit** (Hrsg.) / Managing Motivation – Wie Sie die neue Motivationsforschung für Ihr Unternehmen nutzen können / Wiesbaden / 2000 / Seite 23.
[6] vgl. ebenso / Seite 24.
[7] vgl. ebenso / Seite 24.

Bei der intrinsischen Motivation gibt es drei wichtige Ausformungen, die in der folgenden Abbildung dargestellt sind:

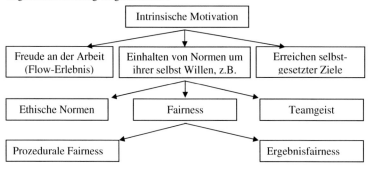

Abbildung 1: Die drei wichtigsten Ausformungen der intrinsischen Motivation[8]

Abschließend lässt sich sagen, dass die intrinsische Motivation tragfähiger und dauerhafter ist als die extrinsische Motivation. Auf Grund dessen sollte es erreicht werden, dass der Mensch sich selbst – von innen heraus – so effektiv wie möglich versucht zu motivieren. Die wichtigste Vorraussetzung dafür ist, dass er einen Sinn in seinem Tun und Handeln erkennt.[9]

Diesen Sinn kann der Mensch aber nur erkennen, wenn er die verschiedenen Inhalts- und Prozesstheorien der Motivation versteht, da diese nahezu eine Antwort auf das „Wie" und „Warum" des menschlichen Handelns geben.

2.2 Motivationstheorien

Selbst nach über fünfzigjähriger Motivationsforschung gibt es heute noch keine einheitliche Theorie der Motivation. Da es mehrere unterschiedliche, einander ergänzende Versuche gibt, zu erklären, wie das menschliche Verhalten und somit die Leistung im Unternehmen motiviert werden kann, werden im Folgenden die wichtigsten Erklärungsansätze kurz dargestellt. Diese Ansätze lassen sich in Inhalts- und Prozesstheorien gliedern.[10]

---

[8] vgl. **Frey, Bruno S. & Osterloh, Margit** (Hrsg.) / a. a. O. / Seite 25.
[9] http://www.lernen-heute.de / 12.10.2005.
[10] vgl. **Jung, Hans** / a. a. O. / Seite 374.

Inhaltstheorien beschäftigen sich mit Art, Inhalt und Wirkung von Motiven.[11] Das bedeutet, dass sich dieses Modell mit den Motivinhalten befasst und dem Versuch, diese zu klassifizieren. Diese Theorien erklären, was und welche Faktoren den Menschen zur Arbeit motivieren.[12]

Zu den Inhaltstheorien gehört die *Bedürfnispyramide von Maslow*[13], die wohl zu den verbreitetsten Motivationstheorien gehört.[14] Der Ansatz sagt aus, dass bei einem Individuum je nach Entwicklungsstand verschiedene Bedürfnisklassen dominieren, die den Wert der Sozialleistungen[15] als Anreize bestimmen. Als überdauernde Motive werden das Geld und die Sicherheit betrachtet. Somit müssen die Arbeitnehmer mit den Sozialleistungen belohnt werden, die am ehesten ihrer momentanen Bedürfnisstruktur entsprechen, um höchste Anreizwirkungen zu erzielen. Die bereits befriedigten Bedürfnisse werden durch Angst vor dem Entzug der Befriedigung verhaltenswirksam.[16] Dies bedeutet, dass bei der Bedürfnispyramide von Maslow das Prinzip der relativen Vorrangigkeit herrscht. Denn solange die Bedürfnisse auf einer niederen Ebene nicht befriedigt sind, kann die nächste Stufe nicht erreicht werden.[17]

---

[11] http://www.wikipedia.de / 02.11.2005.
[12] **Weinert, Ansfried B.** / Lehrbuch der Organisationspsychologie / 4. Auflage / München / 1998 / Seite 262.
[13] Abraham Harold Maslow / 01.04.1908 – 08.06.1970 / Psychologe und der wichtigste Gründervater der humanistischen Psychologie, die als sogenannte „Dritte Kraft" zwischen krankheitsorientierter Psychoanalyse und behavioristischer Verhaltenstheorie (Behaviorismus) eine Psychologie seelischer Gesundheit anstrebte und die menschliche Selbstverwirklichung untersuchte.
[14] vgl. **Jung, Hans** / a. a. O. / Seite 375.
[15] Sozialleistungen sind alle Geld-, Sach- und Dienstleistungen, die Personen oder Personengruppen von staatlichen oder gesellschaftlichen Institutionen und von privater Seite erhalten, um bei den Empfängern bestimmte Risiken abzusichern.
[16] **Wagner, Dieter & Grawert, Achim** / Sozialleistungsmanagement – Mitarbeitermotivation mit geringem Aufwand / München / 2002 / Seite 38.
[17] **Schneider, Willy** / Marketing und Käuferverhalten / München / 2004 / Seite 48.

In der folgenden Abbildung erfährt man die verschiedenen Bedürfnishierarchien nach Maslow:

Abbildung 2:   Die Hierarchie menschlicher Bedürfnisse nach Maslow[18]

Bei der *ERG-Theorie von Alderfer*[19] handelt es sich auch um eine Inhaltstheorie und sie ist eine Weiterentwicklung der Maslow'schen Motivationstheorie.[20] Allerdings hat Alderfer die Bedürfnispyramide nach Maslow auf drei Bedürfnisebenen reduziert, nämlich

- **E**xistence needs   (Existenzbedürfnisse)
- **R**elatedness needs   (Soziale Bedürfnisse)
- **G**rowth needs   (Wachstums- und Selbstverwirklichungsbedürfnisse)[21]

Bei dieser Theorie geht es primär um die Frustration eines Motivs, das sowohl dessen erlebnismäßige Stärke als auch die des darunter liegenden Motivs intensiviert. Die Wichtigkeit des Motivs wird durch die Bedürfnisbefriedigung bei der Selbstverwirklichung verstärkt. Somit sind die Sozialleistungen besonders verhaltensrelevant, die auf Bedürfnisse zielen, die inner- und extrabetrieblich am wenigsten befriedigt werden. Wenn die Sozialleistungen betrieblich nicht befriedigt werden können, muss beim Angebot der Leistungen das rangniedrigere

---

[18] vgl. **Schneider, Willy** / a. a. O. / Seite 49.
[19] Clayton P. Alderfer / amerikanischer Psychologe.
[20] vgl. **Jung, Hans** / a. a. O. / Seite 379.
[21] vgl. ebenso / Seite 380.

Bedürfnis berücksichtigt werden.[22]

In der nun folgenden Abbildung erkennt man sowohl die Motivationsbedürfnisse als auch die Frustration eines Motivs nach Alderfer:

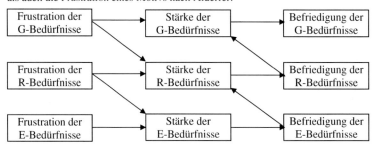

Abbildung 3:   Das Motivationsmodell nach Alderfer[23]

Im Jahre 1959 wurde die *Zweifaktorentheorie von Herzberg*[24] veröffentlicht. Hierbei handelt es sich ebenfalls um eine Inhaltstheorie. Sie gibt Auskunft über die Faktoren, die die Arbeitszufriedenheit und die Arbeitsunzufriedenheit auslösen.[25]
Bei dieser Inhaltstheorie wird die höchste Arbeitsmotivation durch die Motivatoren bei Eliminierung der negativen Aspekte der Hygienefaktoren erreicht. Unter Motivatoren versteht Herzberg Zufriedenheitserreger und Hygienefaktoren sind Unzufriedenheitsvermeider. Somit haben auch hier die Sozialleistungen besonders hohe Anreizwirkungen, aber nur, wenn sie Motivatoren sind (z.B. monetäre Leistungen), oder wenn sie direkt auf die Motivatoren einwirken (z.b. wie ein Statussymbol auf die Anerkennung).[26]
Nach Herzberg gehören zu den Hygienefaktoren bzw. Unzufriedenheitsvermeidern Bezahlung, Status, Entwicklungsaussichten, Beziehung zu Untergebenen, Beziehung zu Vorgesetzten, Beziehung zu Kollegen, Führungsverhalten der Vorgesetzten, Firmenpolitik und –organisation,

---

[22]vgl. **Wagner, Dieter & Grawert, Achim** / a. a. O. / Seite 38.
[23]vgl. **Weinert, Ansfried B.** / a. a. O. / Seite 267.
[24]Doktor Frederick Irving Herzberg / 18.04.1923 – 19.01.2000 / angesehener us-amerikanischer Professor der Arbeitswissenschaften und der klinischen Psychologie.
[25]vgl. **Jung, Hans** / a. a. O. / Seite 382.
[26]vgl. **Wagner, Dieter & Grawert, Achim** / a. a. O. / Seite 38.

Arbeitsbedingungen, Privatleben und Arbeitssicherheit. Zu den Motivatoren bzw. Zufriedenheitserregern gehören hingegen die Selbstbestätigung und der Leistungserfolg, die Anerkennung, die Arbeitsaufgabe und der –inhalt, die Verantwortung sowie die Beförderung bzw. der Aufstieg.[27]

Die *Prozesstheorien* versuchen zu erklären, wie Motivation formal und losgelöst von Bedürfnisinhalten entsteht und auf das Verhalten wirkt.[28]
Hier wird also unabhängig von den Motivinhalten versucht, eine Erklärung für den Prozess der Verhaltensaktivierung, die Variablen sowie deren Zusammenwirken und gegenseitige Beeinflussung zu finden. Ebenso soll das Zusammenspiel der verschiedenen Variablen, wie z.B. Ziele, Anreize, Belohnung und Erwartungen, der Motivation für ein bestimmtes Verhalten geklärt werden.[29]
Die Prozesstheorien lassen sich nochmals in die Erwartungsvalenz- und in die Gleichgewichtstheorien untergliedern.

Die *Erwartungsvalenztheorien* erklären sich aus dem Zusammenwirken eines unbefriedigten Bedürfnisses mit der Bewertung eines speziellen Anreizes und mit der Einschätzung der Wahrscheinlichkeit in den Geschmack dieses Anreizes zu kommen.[30]

Die *Gleichgewichtstheorien* gehen davon aus, dass der menschliche Organismus im physiologischen, im kognitiven und im sozialen Bereich grundsätzlich Gleichgewichtszustände anstrebt.[31]

Die *VIE-Theorie von Vroom*[32] ist eine Erwartungsvalenztheorie, wurde im Jahre 1964 veröffentlicht und ist eine Weiterentwicklung des „Path-Goal-Ansatzes", der aussagt, dass die Mitarbeiter nur zur Arbeit motiviert werden können, wenn sie in ihrer Arbeitsleistung einen Weg (path) erkennen, der ihnen die Erreichung

---

[27]vgl. **Jung, Hans** / a. a. O. / Seite 384.
[28]http://www.wikipedia.de / 02.11.2005.
[29]vgl. **Jung, Hans** / a. a. O. / Seite 374.
[30]vgl. ebenso / Seite 390.
[31]vgl. ebenso / Seite 395.
[32]Victor H. Vroom / Professor mit der Berechtigung auf der psychologischen Analyse des Verhaltens in den Organisationen, besonders auf Führung und Beschlussfassung.

persönlicher Ziele (goal) ermöglicht. Allerdings wird bei dieser Theorie näher auf den erwarteten Prozessablauf eingegangen.[33]
Bei jener Theorie ergibt sich die Valenz der Sozialleistungen aus der Eignung für das Motivziel. Voraussetzung dafür ist aber das Vorhandensein der Ziel- und Belohnungserwartung. Die höchste Valenz wird nur durch die Wahlfreiheit der Sozialleistungen erreicht, da die Motivstrukturen unterschiedlich sind. Um zu einem gewünschten Verhalten zu motivieren, muss eine Instrumentalität zwischen diesem und dem Erhalt der Sozialleistungen erkennbar sein. Das bedeutet, dass die Sozialleistungen, die die Zufriedenheit erhöhen, nur unter bestimmten Bedingungen das Leistungsverhalten verbessern.[34]
In der nachfolgenden Abbildung sind die Bestimmungsfaktoren der Motivation in der Erwartungsvalenztheorie nach Vroom näher erklärt:

Abbildung 4: Bestimmungsfaktoren der Motivation in der Erwartungsvalenztheorie[35]

Die *Balance-Theorie von Adams*[36] ist hingegen eine Gleichgewichtstheorie, bei der es darum geht, dass man soziale Beziehungen mit wirtschaftlichen Tauschaktionen vergleichen kann.[37]
Das Ungerechtigkeitsgefühl kommt aus dem Vergleich eigener Leistungen und Belohnungen mit denen anderer Bezugspersonen in gleicher Arbeitssituation und führt zu vermeidbaren Spannungen, die das Individuum dadurch abzubauen versucht, indem es seine Leistung oder Beitrag entsprechend verändert. Daraus

---
[33] vgl. **Jung, Hans** / a. a. O. / Seite 391.
[34] vgl. **Wagner, Dieter & Grawert, Achim** / a. a. O. / Seite 38.
[35] **Weis, Hans C.** / Unternehmensführung / Obertshausen / 1979 / Seite 61.
[36] Jean S. Adams / amerikanischer Psychologe.
[37] vgl. **Jung, Hans** / a. a. O. / Seite 396.

ergibt sich folglich die Forderung nach Verteilungsgerechtigkeit bei der Vergabe von Sozialleistungen, deren Erkennen wiederum Transparenz des Gewährungssystems und Vergleichbarkeit der Belohnungen voraussetzt. Der Leistungsreduktion kann durch entsprechende Belohnungserhöhungen begegnet werden.[38]

3 Materielle Motivationsinstrumente

3.1 Geld als Motivationsinstrument

Geld ist ein direktes, materielles Motivationsinstrument und stellt ein Leistungsanreizsystem dar.
Daher ist es naheliegend zu fragen, inwiefern das Geld als Anreiz wirksam werden kann, d.h. die Mitarbeiter zur Leistung motiviert. Jede Motivationstheorie sieht Geld als wirksamen Leistungsanreiz, lediglich das Ausmaß der Anreizwirkung wird von den Theoretikern unterschiedlich beurteilt.[39]
Denn für die Erzielung einer optimalen Leistung bzw. Motivation der Mitarbeiter benötigt man erheblich mehr als nur eine sinnvolle, leistungsfördernde Führung und Entlohnung der menschlichen Arbeitskraft. Aus führungsorientierter Sicht benötigt man z.B. ein gewisses Maß an geistigem und organisatorischem Aufwand, der allerdings nicht kostspielig ist. Das Übrige ergibt sich aus der Verknüpfung von Leistung und Lohn.[40]
Geld gilt als monetärer Anreiz in Form der Entlohnung und eine erste Einschätzung der Anreizstärke solcher monetärer, d.h. in Geldform verabreichter Belohnung, ergibt sich aus der Betrachtung der menschlichen Grundbedürfnisse.[41]
Denn diese Anreize sind speziell auf die Befriedigung der physiologischen Bedürfnisse z.B. nach Nahrung, Kleidung und Wohnung, der hieraus abgeleiteten Bedürfnisse nach Genussmitteln sowie der Sicherheitsbedürfnisse, insoweit diese

---

[38] vgl. **Wagner, Dieter & Grawert, Achim** / a. a. O. / Seite 38.
[39] **Unger, Fritz** / Marktgerechte Außendienststeuerung durch Leistungsanreize / Heidelberg / 1985 / Seite 161.
[40] **Böhrs, H.** / Leistungslohn / Wiesbaden / 1959 / Seite 16.
[41] vgl. **Nick, Franz R.** / a. a. O. / Seite 172.

sich auf die finanzielle Absicherung des Individuums beziehen, abgestellt.[42] Mit den monetären Anreizen werden unterschiedliche Bedürfnisse befriedigt, trotz allem wird das Geld unabhängig von seiner Verwendung in Leistungsgesellschaften immer mehr zu einem Erfolgssymbol und zu einem eigenständigen Gradmesser für das gesellschaftliche Ansehen und die soziale Wertschätzung.[43]

Gehaltserhöhungen können also in der Arbeitswelt unerfüllte Bedürfnisse, z.b. nach Zugehörigkeit, Aufstieg und Achtung rationalisieren, aber auch genauso zu einer allgemeinen Unzufriedenheit führen, wenn die Gehaltserhöhung als ungerecht empfunden wird.[44]

Auch bedeuten Gehaltserhöhungen bzw. höhere Lohnforderungen nicht gleichzeitig, dass sich die Motivation immer steigert, wenn es mehr Geld gibt. Dieser Effekt tritt folgendermaßen nur bis zu einer ganz bestimmten Grenze auf, denn ab einer gewissen Sättigungsgrenze, die von Individuum zu Individuum unterschiedlich ist, wird selbst eine Erhöhung des Lohnes wirkungslos.[45]

3.2 Lohnformen

Die Lohnformen gliedern sich in zwei Hauptgruppen, die jeweils in verschiedenen Varianten praktiziert werden, in Zeitlohn und in Leistungslohn. Der Zeitlohn wiederum gliedert sich in den reinen Zeitlohn und in den Zeitlohn mit Leistungszulage (persönliche Bewertung). Der Leistungslohn wird zergliedert in den Prämienlohn und den Akkordlohn, wobei sich dieser nochmals in den Geld- und in den Zeitakkord zerteilt.[46]

Beim *Zeitlohn* erfolgt die Entlohnung nach der Dauer der Arbeitszeit ohne Berücksichtigung der, während dieser Zeit, geleisteten Arbeit. Hier wird

---

[42]**Richards, M. D. & Nielander, W. A.** (Hrsg.) / Readings in Management / 2. Auflage / Cincinnati; Ohio / 1963 / Seite 408.
[43]vgl. **Nick, Franz R.** / a. a. O. / Seite 172.
[44]**von Friedeburg, Ludwig** / Soziologie des Betriebsklimas – Studien zur Deutung empirischer Untersuchungen in Großbetrieben / 2. Auflage / Frankfurt am Main / 1966 / Seite 48.
[45]vgl. **Nick, Franz R.** / a. a. O. / Seite 173.
[46]**Wöhe, Günter & Döring, Ulrich** / Einführung in die Allgemeine Betriebswirtschaftslehre / 21., neubearbeitete Auflage / München / 2002 / Seite 230.

stattdessen für eine bestimmte Zeiteinheit ein gewisser Lohnsatz festgelegt. Bei Arbeitern wählt man als Bezugsgröße z.B. die Stunde. Aufgrund der zunehmenden angestrebten Gleichbehandlung von Arbeitern und Angestellten erhalten gewerbliche Arbeitnehmer häufig einen sogenannten Monatslohn. Das ist ein festes Entgelt, das für die Normalarbeitszeit gezahlt wird. Eventuell anfallende Mehrarbeit oder Zulagen und Zuschläge werden hier gesondert berechnet und gezahlt. Ebenfalls zu den Zeitlöhnen zählen die Schicht-, Tages-, Wochen-, Dekaden- und Jahreslöhne.[47]

Beim *reinen Zeitlohn* erhält jeder Mitarbeiter einer Lohngruppe das gleiche Arbeitsentgelt pro Zeiteinheit. Nur wenn außerhalb der tariflich festgelegten Arbeitszeit gearbeitet wird, werden Lohnzuschläge gezahlt, z.b. Zuschläge für Überstunden sowie Nacht- und Feiertagsarbeit.[48]

In der folgenden Tabelle sind die Vor- und Nachteile des reinen Zeitlohns dargestellt:

Vorteile	Nachteile
➢ Einfachheit der Abrechnung ➢ Schonung von Mensch und Maschine ➢ Vermeiden von Unruhe, überhastetem Arbeitstempo und dadurch bedingten Qualitätseinbußen ➢ sicherer und gleichmäßiger Verdienst für den Arbeitnehmer	➢ Unternehmen trägt das volle Risiko bei Minderleistung ➢ gibt den Mitarbeitern keinen Anreiz zur Leistungssteigerung

Tabelle 1: Vor- und Nachteile des reinen Zeitlohns[49]

Beim *Zeitlohn mit Leistungszulage* werden personenabhängige Zulagen zum tariflichen Mindestlohn einer Lohngruppe gezahlt. Die Zahlung einer solchen Zulage ist abhängig von subjektiven Kriterien, wie z.B. die Motivation, die

---

[47]vgl. **Jung, Hans** / a. a. O. / Seite 577.
[48]vgl. **Wöhe, Günter & Döring, Ulrich** / a. a. O. / Seite 230.
[49]vgl. **Jung, Hans** / a. a. O. / Seite 579.

Betriebstreue, die Einsatzbereitschaft des Mitarbeiters, usw..[50] Leistungszulagen werden aufgrund der normalerweise sehr langen Beurteilungszeiträume von einem Monat bis zu zwei Jahren nur einen sehr geringen Leistungsanreiz ausüben. Sie können somit den Führungskräften nur als zusätzliches Hilfsmittel zur Leistungsmotivation dienen.[51]

Der *Akkordlohn* ist eine Entlohnungsform, bei der sich die Entlohnung nach dem Mengenergebnis der Arbeitsleistung richtet. Der Verdienst pro Zeiteinheit entwickelt sich proportional zur erreichten Leistung.[52]
Beim Akkordlohn ist der Effektivlohn und die Zeiteinheit variabel und die Lohnstückkosten sind konstant.[53]

Beim *Geldakkord* erhält der Arbeitnehmer pro erzeugtem Stück einen festen Geldbetrag. Diesem Geldsatz liegt der über die Arbeitsbewertung ermittelte normale Zeitbedarf zugrunde. Der Verdienst errechnet sich aus dem Produkt von erstellter Stückzahl und Geldsatz.[54]

Beim *Zeitakkord* ist die zur Herstellung einer Leistungseinheit aufzuwendende >Normalzeit< (Vorgabezeit) vorgegeben. Wird die Vorgabezeit unterschritten, erhöht sich der festgesetzte Lohn. Bei Lohnänderung braucht nur der Lohnsatz pro Minute (Minutenfaktor) umgestellt werden.[55]

Abrechnungstechnisch kann man zwischen Geld- und Zeitakkord unterscheiden. Beide Berechnungsmodalitäten führen zum gleichen Stundenverdienst, denn
➢ beim Geldakkord berechnet sich der Stundenverdienst wie folgt:
   Stundenverdienst = Istleistung/Stunden x Geldsatz/Produkteinheit

---

[50]vgl. **Wöhe, Günter & Döring, Ulrich** / a. a. O. / Seite 230.
[51]vgl. **Jung, Hans** / a. a. O. / Seite 580.
[52]vgl. **Rump, Paul** (Hrsg.) / a. a. O. / Seite 20.
[53]vgl. **Wöhe, Günter & Döring, Ulrich** / a. a. O. / Seite 231.
[54]vgl. **Rump, Paul** (Hrsg.) / a. a. O. / Seite 20.
[55]vgl. ebenso / Seite 20.

➤ beim Zeitakkord berechnet sich der Stundenverdienst wie folgt:

Stundenverdienst = Istleistung/Stunden x Vorgabezeit/Stück x Minutenfaktor[56]

Die folgende Tabelle zeigt die Vor- und Nachteile des Akkordlohns:

	Vorteile	Nachteile
Mitarbeiter	➤ leistungsgerechte und leistungsfördernde Entlohnung mit unmittelbarem Leistungs-Verdienst-Verhältnis	➤ Gefahr der Überschätzung der eigenen Leistungsfähigkeit ➤ Akkordrisiko bringt Lohnschwankungen (Folge: es werden Sicherheitsreserven angelegt)
Unternehmen	➤ Vorplanung der Arbeitsabläufe, des Arbeitskräfte- und Betriebsmittelbedarfs, der Termine, Lohn- und Gemeinkosten ➤ gut funktionierende Fertigungssteuerung ➤ Aufdeckung betrieblicher Schwachstellen	➤ Aufwand für Leistungspflege ➤ Anpassen der Vorgabezeiten und Arbeitswerte an den technischen Fortschritt ➤ Leistungszurückhaltung bei nicht mehr zutreffenden Akkorden ➤ Qualitätseinbußen wegen zu hohem Arbeitstempo

Tabelle 2: Vor- und Nachteile des Akkordlohns[57]

Der *Prämienlohn* ist eine Lohnform, bei der zum Grundlohn in Form des Zeitlohns eine zusätzliche Leistungsprämie bezahlt wird. Diese kann sich auf Leistungsmenge, Arbeitsqualität, Ersparnisse (z.B. beim Energieverbrauch), Ausnutzungsgrad der Betriebsmittel oder Anwesenheit beziehen. Der Betriebsrat hat Mitbestimmungsrechte hinsichtlich der Prämienentlohnung.[58]

Das Besondere beim Prämienlohn ist, dass der Arbeitnehmer die Vergütung für die Mehrleistung nicht in voller Höhe bekommt, sondern die Prämie nach einem Schlüssel zwischen Betrieb und Arbeitnehmer geteilt wird. Dies bedeutet, dass

---

[56]vgl. **Wöhe, Günter & Döring, Ulrich** / a. a. O. / Seite 232.
[57]vgl. **Jung, Hans** / a. a. O. / Seite 583.
[58]vgl. **Rump, Paul** (Hrsg.) / a. a. O. / Seite 342.

der durchschnittliche Stundenverdienst des Arbeitnehmers zwar steigen kann, aber gleichzeitig die durchschnittlichen Lohnkosten, sprich die Lohnkosten pro Stück, sinken. Das ist der Unterschied zum reinen Akkordlohn, denn hier bleiben die Lohnkosten je Stück konstant, da die gesamte Mehrleistung dem Arbeitnehmer zugute kommt.[59]

Das Ziel der Prämienentlohnung ist neben der Leistungssteigerung, vor allem die Verminderung des Risikos einer unsicheren Lohnentwicklung, das bei ungenauen Vorgabezeiten entsteht.[60]

Ein weiterer wichtiger Aspekt bei der Prämienentlohnung ist, dass diese Art der Entlohnung die Akkordentlohnung vergleichbarer Leistungen nicht überschreitet, damit das Prinzip der relativen Lohngerechtigkeit nicht gefährdet wird und somit der Frieden im Betrieb bestehen bleibt.[61]

4 Immaterielle Motivationsinstrumente

4.1 Motivation durch das Unternehmen

Motivation durch das Unternehmen kann nur erreicht werden, wenn das Unternehmen so eine große Affinität auf die Mitarbeiter ausübt, dass diese ihm weiterhin erhalten bleiben wollen.[62]

Dies kann z.B. durch ein gutes Betriebsklima, durch die Sicherheit des Arbeitsplatzes und der Altersversorgung, durch eine interessante Tätigkeit, durch die Möglichkeit zur Selbstverwirklichung und durch die Selbstständigkeit bei der Arbeit und Freiräume zur kreativen und initiativen Entfaltung geschehen.[63]

Gerade der letzte Punkt ist besonders wichtig, wenn man die Initiative der Mitarbeiter stärken und ihre Motivation verbessern möchte. Freiräume zur kreativen und initiativen Entfaltung sowie die Selbstständigkeit bei der Arbeit schafft man aus führungsorientierter Sicht am besten, indem man Verantwortung

---

[59] vgl. **Wöhe, Günter & Döring, Ulrich** / a. a. O. / Seite 233.
[60] **Harlander, N.; Heidack, C.; Köpfler, F. & Müller, K.-O.** / Praktisches Lehrbuch Personalwirtschaft / 3. Auflage / Landsberg am Lech / 1994 / Seite 252.
[61] vgl. **Wöhe, Günter & Döring, Ulrich** / a. a. O. / Seite 234.
[62] **Kempe, Hans-Joachim & Kramer, Rolf** / Mitarbeiter-Motivation – Wunsch und Wirklichkeit / Bergisch Gladbach / 1993 / Seite 33.
[63] vgl. ebenso / Seite 61.

delegiert, denn jeder Mitarbeiter soll einen abgegrenzten Aufgabenbereich mit entsprechenden Zielen und klaren Kompetenzen haben.[64]
Die heute unerlässliche Identifikation der Mitarbeiter mit ihrer beruflichen Tätigkeit setzt die Delegation der Verantwortung ebenso voraus wie die Arbeitsbedingungen. Diese müssen allerdings als gerecht und menschlich empfunden werden.[65]
Um eine Verbesserung der Arbeitsbedingungen und somit des Arbeitsempfindens zu erreichen, kann sich die Unternehmensführung einiger Maßnahmen im Bereich der Arbeitsbereichstrukturierung bedienen. Hierzu zählen vor allem die Arbeitserweiterung, die Arbeitsbereicherung und der Arbeitsplatzwechsel.[66]

Bei der *Arbeitserweiterung* oder auch job enlargement genannt, geht es um eine Erweiterung des Aufgabenbereichs und somit um eine quantitative Vergrößerung des Arbeitsspielraums.[67]
Dabei werden qualitativ gleichwertige Aufgaben dem bisherigen Tätigkeitsbereich hinzugefügt. Somit entstehen größere Aufgabenbereiche und die Monotonie der Arbeit, die aus der Arbeitsteilung und der Spezialisierung entsteht, wird teilweise minimiert.[68]
Durch die Arbeitserweiterung soll vor allem die Zerstückelung eines Arbeitsprozesses rückgängig gemacht und dem Mitarbeiter ein möglichst geschlossenes Arbeitspaket zur Bearbeitung anvertraut werden.[69]

Bei der *Arbeitsbereicherung* oder auch job enrichment genannt, geht es um eine Bereicherung des Aufgabenbereiches. Diese Bereicherung erhält man z.B. durch eine Erweiterung des Verantwortungsbereiches, also Kompetenzen, um eine Erweiterung des Handlungs- und Entscheidungsspielraums sowie um eine

---

[64]vgl. **Kempe, Hans-Joachim & Kramer, Rolf** / a. a. O. / Seite 62.
[65]**Mohn, Reinhard** / Neue Ziele in der Welt der Arbeit / Gütersloh / 1992 / Seite 10.
[66]vgl. **Wöhe, Günter & Döring, Ulrich** / a. a. O. / Seite 253.
[67]vgl. **Kempe, Hans-Joachim & Kramer, Rolf** / a. a. O / Seite 63.
[68]vgl. **Rump, Paul** (Hrsg.) / a. a. O. / Seite 229.
[69]**Timmermann, Manfred** (Hrsg.) / Personalführung / Stuttgart; Berlin; Köln; Mainz / 1977 / Seite 100.

Übertragung von besonderen Aufgaben.[70]
Hier werden qualitativ höherwertige Aufgaben dem Arbeitsinhalt hinzugefügt. Somit soll die Initiative des Einzelnen gefördert werden.[71] Durch die Arbeitsbereicherung soll die Verantwortung mit Hilfe erhöhter Entscheidungs- und Kontrollbefugnisse erhöht werden. Das führt meist auch zu einer qualitativen Aufwertung einer Stelle.[72]

Bei dem *Arbeitsplatzwechsel* oder auch job rotation genannt, geht es ebenfalls um das Entgegenwirken einer Entfremdung der Arbeit auf der Seite des Mitarbeiters. Durch einen geplanten oder vielleicht sogar regulär oder periodisch durchgeführten Arbeitsplatzwechsel kann die Mitarbeitermotivation verstärkt werden.[73]
Das primäre Ziel ist dabei, die verbundene Monotonie mit einfachen manuellen Tätigkeiten zu verringern. Darüber hinaus kann sich jeder Mitarbeiter am Arbeitsplatz weiterbilden, da durch den systematischen Arbeitsplatzwechsel und die vorübergehende Übernahme ungewohnter Aufgaben zusätzliche Qualifikationen vermittelt werden.[74]
Durch den Arbeitsplatzwechsel soll eine gewisse Abwechslung für den Mitarbeiter sowie eine Erweiterung des Blickfelds erreicht werden.[75]

4.2 Motivation durch die Führungskräfte

Wie bereits erwähnt, kann sich die Unternehmensführung einiger Maßnahmen im Bereich der Arbeitsbereichstrukturierung bedienen, um eine Verbesserung der Arbeitsbedingungen und somit des Arbeitsempfindens zu erreichen. Allerdings müssen diese strukturorientierten Ansätze zur Verbesserung der Mitarbeitermotivation in einen entsprechenden Führungsstil eingebaut sein. Um

---

[70]vgl. **Kempe, Hans-Joachim & Kramer, Rolf** / a. a. O. / Seite 64.
[71]vgl. **Rump, Paul** (Hrsg.) / a. a. O. / Seite 229.
[72]**Berthel, Jürgen** / Personalmanagement – Grundzüge der Konzeptionen betrieblicher Personalarbeit / 6. Auflage / Stuttgart / 2000 / Seite 278.
[73]vgl. **Kempe, Hans-Joachim & Kramer, Rolf** / a. a. O. / Seite 64.
[74]vgl. **Rump, Paul** (Hrsg.) / a. a. O. / Seite 230.
[75]vgl. **Wöhe, Günter & Döring, Ulrich** / a. a. O. / Seite 253.

ein gleichzeitiges Eintreten von Zufriedenheit und Leistung zu erreichen, ist es wichtig, dass die Führungskräfte ein Führen mit Zielvorgabe bzw. Zielvereinbarungen erfüllen.[76] Denn ohne Zielvereinbarungen ist auch keine Führungskultur möglich, die den Wunschvorstellungen der Mitarbeiter entspricht. Somit ist es von besonderer Bedeutung, dass die Führungskräfte den Mitarbeitern verdeutlichen können, wie Zielvereinbarungen dazu beitragen können, die Wunschvorstellungen bezüglich eigenverantwortlichen Arbeitens oder Arbeitsplatzsicherheit zu verwirklichen.[77] Die Führungsstile auf der Basis von Zielvorgaben zeigen die Alternativen auf, die für die Einordnung des Produktionsfaktors menschliche Arbeitskraft in den Leistungsprozess eines Unternehmens nötig sind. Durch die Anwendung von Führungsstilen wird die Arbeitsteilung in einem Unternehmen überhaupt erst möglich und auf diesem Weg wird ein größeres arbeitsteiliges Unternehmen führbar und kontrollierbar.[78]
Bei den Führungsstilen gibt es den autokratischen, den bürokratischen, den charismatischen, den patriarchischen und den kooperativen Führungsstil.

Das Merkmal des *autokratischen oder auch autoritären Führungsstils* ist die interpersonale Trennung von Entscheidungen, Ausführungen und Kontrolle.[79] Dieser Führungsstil setzt eine mit unbegrenzter Machtfülle ausgestattete Führungskraft voraus. Um eine exakte Ausführung von Anweisungen auch in größeren Organisationen zu ermöglichen, bedient er sich eines hierarchisch gestaffelten Führungsapparates, mit dem er seine Entscheidungen wesentlich besser durchsetzen kann. Daraus folgt, dass diese Führungskraft alleiniger Entscheidungsträger ist. Ein Nachteil an diesem Führungsstil ist allerdings, dass die Führungskraft über ein großes Spezialkenntnis in vielen Bereichen verfügen muss, denn nur so kann diese Person die richtigen Entscheidungen treffen. Doch

---

[76] **Zink, Klaus J. & Schick, Gerhard** / Qualitiy Circles / 2., überarbeitete Auflage / München; Wien / 1987 / Seite 15.
[77] **Schneider, Willy & Ossola-Haring, Claudia** / Praxiswissen Management – Tools und Techniken für eine erfolgreiche Unternehmensführung / München / 2002 / Seite 214.
[78] **Oehme, Wolfgang** / Führen durch Motivation – Überzeugen statt Anweisen; eine Führungskonzeption für die Praxis / Essen / 1979 / Seite 33.
[79] vgl. **Rump, Paul** (Hrsg.) / a. a. O. / Seite 171.

da es heute so viele Führungssituationen gibt, die von komplexen Zusammenhängen geprägt sind, ist es sehr schwierig, diese Voraussetzung zu erfüllen. Ebenso gibt es wohl kaum unkritische, zu Gehorsam verpflichtete Mitarbeiter.[80] Zugleich steht bei dem autokratischen bzw. autoritären Führungsstil die Institution im Vordergrund. Durch den hierarchisch gestaffelten Führungsapparat bedient sich der Führungsstil in starkem Maße disziplinierender und strukturierender Elemente. Der Grund hierfür ist die straffe Organisation, die ein großes soziales Gebilde benötigt.[81]

Der *bürokratische Führungsstil* entwickelte sich aus der autokratischen bzw. autoritären Führung. Hier gibt es nämlich keine beherrschende oberste Führungskraft mehr, sondern der Führungsstil ist durch den hierarchisch gestaffelten Führungsapparat in genau abgegrenzte Kompetenzen und exakte Stellenbefugnisse eingeschränkt. Das wichtigste Element ist die Kontrolle, durch die Übergriffe und Kompetenzüberschreitungen vermieden werden sollen. Kritik an dem bürokratischen Führungsstil ist die Starrheit des Systems. Da aus dem „Überreglement" ein Formalismus entstand, ist jegliche Flexibilität unmöglich.[82] Allerdings wird aber auch die Willkür des Autokraten durch die Legalität, das Reglement und die fachliche Kompetenz abgelöst. Ebenso sind bei diesem Führungsstil ein verfeinertes Instanzensystem, eine präzise Definition, eine Abgrenzung der Befugnisse und eine Reglementierung der Arbeitsabläufe vorhanden.[83]

Bei dem *charismatischen Führungsstil* leitet die Führungskraft seinen alleinigen Herrschaftsanspruch aus seiner Persönlichkeit und Einmaligkeit ab. So wird er zu einem „Übermenschen", d.h. er wird unfehlbar und nicht kritikfähig. Auch hat er

---

[80] vgl. **Jung, Hans** / a. a. O. / Seite 415.
[81] vgl. **Berthel, Jürgen** / a. a. O. / Seite 62.
[82] vgl. **Jung, Hans** / a. a. O. / Seite 415.
[83] vgl. **Wöhe, Günter & Döring, Ulrich** / a. a. O. / Seite 254.

keine Verpflichtungen gegenüber seinen Mitarbeitern, von denen er aber gleichzeitig bedingungslosen Gehorsam verlangt.[84]

Beim Charisma geht es um eine Gnadengabe, was bedeutet, dass die Führungskraft die Fähigkeit hat, andere Menschen durch seine Ausstrahlungskraft zu führen. Somit ist er voll und ganz auf die Ausstrahlungskraft angewiesen.[85]

Der *patriarchische Führungsstil* wird geprägt durch seine Leitfigur, dem so genannten Patriarchen. Diese Führungskraft ist durch den Alters- und Reifeunterschied gegenüber seinen Mitarbeitern zum Alleinherrscher begründet. Die Mitarbeiter haben zwar jeder Zeit einen direkten Zugang zum Patriarchen, werden aber nicht am dem Führungsstil beteiligt. Da sich die Führungskraft nicht einer großen Zahl von Mitarbeitern widmen kann, wird bei größeren Unternehmen schnell die Führungsspanne überschritten. Ein weiterer Nachteil ist der Verzicht auf die Nutzung des geistigen und kreativen Potentials der Mitarbeiter.[86]

Der Führungsanspruch ist für die Führungskraft an eine Treue- und Versorgungspflicht gegenüber den Mitarbeitern gekoppelt.[87]

Der *kooperative Führungsstil* versucht die interpersonelle Trennung von Entscheidung, Ausführung und Kontrolle aufzuheben bzw. zu mildern.[88]

Hier werden die Mitarbeiter bei Führungsentscheidungen miteinbezogen und mitbeteiligt. Allerdings ist die Beteiligung entweder beratender Art oder in Form eines demokratischen Willensbildungsprozesses, an dem alle Beteiligten mitwirken.[89]

---

[84] vgl. **Jung, Hans** / a. a. O. / Seite 415.
[85] vgl. **Wöhe, Günter & Döring, Ulrich** / a. a. O. / Seite 254.
[86] vgl. **Jung, Hans** / a. a. O. / Seite 414.
[87] vgl. **Wöhe, Günter & Döring, Ulrich** / a. a. O. / Seite 253.
[88] vgl. **Rump, Paul** (Hrsg.) / a. a. O. / Seite 171.
[89] vgl. **Wöhe, Günter & Döring, Ulrich** / a. a. O. / Seite 254.

5 Kommunikation als Motivationsinstrument
5.1 Warum ist Kommunikation so wichtig?

Die Kommunikation gilt als das wichtigste immaterielle Instrument zur Verbesserung der Mitarbeitermotivation, da die ablaufenden Kommunikationsprozesse das soziale Geschehen innerhalb von Gruppen bzw. innerhalb eines Unternehmens darstellen. Allerdings dienen diese Prozesse nicht allein der Übermittlung von Sachinhalten, sondern auch der Befriedigung menschlicher Grundbedürfnisse. Ein weiterer Effekt ist, dass man durch die Kommunikationsprozesse klar erkennen kann, wie die herrschenden Verhältnisse in der Gruppe bzw. in dem Unternehmen sind.[90]

Allerdings sollte nicht außer Acht gelassen werden, dass die Diskrepanzen zwischen Arbeitgeber und Arbeitnehmer ausschließlich eine Sache der Kommunikation ist. Häufig werden Konflikte nicht kommuniziert, da jeder der Meinung ist, von seinem Gegenüber alles zu wissen. Geht man jedoch näher auf die Punkte Bedürfnisse, Ziele, Wunschvorstellungen und auf das Selbstbild eines Jeden ein, so stellt man überraschenderweise fest, dass die Realität anders aussieht. Somit schaden Psychologie und besonders Kommunikation definitiv keinem Unternehmen. Im Gegenteil - denn nur durch das frühe und offene Klären, was der eine von dem anderen denkt, erwartet und hofft, können langfristige Folgeschäden vermieden werden.[91]

Der Mangel an Kommunikation ist das grundsätzliche Dilemma für das Scheitern von sozialpolitischen Vorhaben. Neben der Differenz zwischen Abstimmung, Verständigung und der unflexiblen Regelanwendung werden auch noch Delegationsprozesse als entscheidende Vorgänge angegeben. Dies spricht für sich, da mit der Übertragung von Aufgaben an primär nicht beteiligte Personen automatisch und regelmäßig neue Motivation aufkommt.[92]

---

[90]**Comelli, Gerhard & von Rosenstiel, Lutz** / Führung durch Motivation – Mitarbeiter für Organisationsziele gewinnen / 3. erweiterte und überarbeitete Auflage / München / 2003 / Seite 195.
[91]**Weyh, Helmut** / Motivations-Management – Klaus Kobjolls Konzept der optimalen Mitarbeiterführung / München; Landsberg am Lech / 1993 / Seite 66.
[92]**Hennen, Manfred** / Soziale Motivation und paradoxe Handlungsfolgen / Opladen / 1990 / Seite 189.

Denn je stärker die Kommunikation mit dem Vorgesetzten und dem Mitarbeiter in Form von Gesprächen und Information stattfindet, umso mehr fühlt sich der Mitarbeiter bei seinen Aufgaben motiviert. Das ist gleichzusetzen mit der intrinsischen Motivation, die in Kapitel 2 dieser Studienarbeit näher beschrieben wurde. Sind die Gespräche und die Information durch den Vorgesetzten mangelhaft oder begrenzt, braucht man sich nicht wundern, wenn die Mitarbeiter demotiviert bei der Arbeit sind.[93]

Der Grund hierfür ist, dass die Kommunikation den Mitarbeitern das Wissen um betriebliche Zusammenhänge und den Stellenwert der eigenen Tätigkeit vermittelt und ebenso Einblick in die Hintergründe und Notwendigkeit der Anforderungen gibt. Dadurch fördert die Kommunikation das Interesse an der Arbeit und die Identifikation mit den Unternehmenszielen. Daher liegt die Fähigkeit einer Führungskraft darin, sich mit Menschen verbal auseinanderzusetzen und sie somit für ihre Tätigkeit zu gewinnen.[94]

5.2 Kommunikationsarten

Die innerbetriebliche Kommunikation wird in der gängigen Literatur in zwei Bereiche getrennt. Zum Einen in die interne Individualkommunikation und zum Anderen in die interne Massenkommunikation.[95]

Um diese zwei Bereiche der innerbetrieblichen Kommunikation zu verstehen, ist es von Nöten die Kommunikation näher zu durchleuchten. Hier gibt es die asymmetrische und die symmetrische Kommunikation.[96]

Bei der *asymmetrischen Kommunikation* spricht man auch von der Einwegkommunikation, da die Botschaft nur vom Sender zum Empfänger geht. Das Besondere daran ist, dass der Empfänger eigentlich keine Möglichkeit hat auf die Kommunikation Einfluss zu nehmen. Dies findet man z.B. bei Massenmedien, aber auch bei technischen Anlagen. Sogar das Gespräch zwischen Vorgesetzten

---

[93]vgl. **Kempe, Hans-Joachim & Kramer, Rolf** / a. a. O. / Seite 33.
[94]vgl. **Jung, Hans** / a. a. O. / Seite 457.
[95]**Noll, Nathalie** / Gestaltungsperspektiven interner Kommunikation / Wiesbaden / 1996 / Seite 34.
[96]vgl. **Jung, Hans** / a. a. O. / Seite 460.

und Mitarbeitern läuft häufig nach diesem Schema ab. Der Vorgesetzte sendet und der Mitarbeiter empfängt. Aus diesem Grund ist die asymmetrische oder auch Einwegkommunikation für Besprechungen und Gespräche im Betrieb ungeeignet und sollte deshalb nach Möglichkeit vermieden werden.[97]

Bei der *symmetrischen Kommunikation* oder auch Zweiwegkommunikation folgt auf die Botschaft des Senders immer eine Rückmeldung des Empfängers, d.h. diese Kommunikation ist auf eine Rückkopplung angelegt. Auf diese Art wird der Rollentausch zwischen Sender und Empfänger ermöglicht, so dass die Botschaft des Senders in veränderter Form dem Empfänger rückgemeldet wird. Die Rückkopplung kann entweder verbal oder nonverbal, gewollt oder ungewollt sein. So wird also die Botschaft des Senders ständig beantwortet, kommentiert und interpretiert. Von besonderer Bedeutung ist bei der symmetrischen oder auch Zweiwegkommunikation das gesamte Spektrum der Kommunikation bzw. eine ganzheitliche Betrachtung. Das bedeutet also auch die Mimik, die Gestik und die Körperhaltung.[98]

Unter der *internen Individualkommunikation* versteht man die direkte, dialogische Kommunikation zwischen den Mitarbeitern und insbesondere zwischen den Vorgesetzten und den Mitarbeitern. Das kann z.B. in Form eines mehr oder weniger institutionalisierten Mitarbeitergesprächs erfolgen.[99]

---

[97] vgl. **Jung, Hans** / a. a. O. / Seite 460.
[98] vgl. ebenso / Seite 461.
[99] vgl. **Noll, Nathalie** / a. a. O. / Seite 34.

In der nun folgenden Abbildung ist der Ablauf der internen Individualkommunikation erklärt:

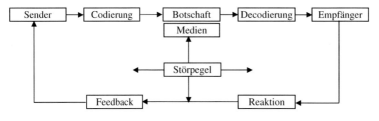

Abbildung 5: Der Ablauf der Kommunikation[100]

Wie schon oben erwähnt sind die sogenannten Mitarbeitergespräche oder auch die Besprechungen zwischen den Führungskräften und den Mitarbeitern sowie jede Art der informellen Kommunikation zwischen den Unternehmensmitgliedern die wichtigste Form der internen Individualkommunikation.[101]

Bei dem *Mitarbeitergespräch* geht es um ein Gespräch zwischen Mitarbeiter und Vorgesetztem unter vier Augen. Eine Form des Mitarbeitergesprächs wäre z.B. das periodisch stattfindende persönliche Gespräch. Hier erörtert die Führungskraft wichtige Entscheidungstatbestände bzw. bedeutsame Vorgänge im Arbeitsablauf seines Tätigkeitsbereiches. Die Arbeitssituation, die persönlichen und sachlichen Leistungsvoraussetzungen, die gegenseitige Aufgabenverteilung und das Kooperationsverhalten der Partner zueinander werden ebenso besprochen.[102] Die Initiative und das Mitdenken des Mitarbeiters zur Entscheidung bzw. Willensbildung der Führungskraft wird durch dieses Gespräch genutzt. Ein weiterer wichtiger Punkt ist auch, dass der Vorgesetzte so die Motive und die Einstellung seiner Mitarbeiter zuverlässig erkennen kann. Ebenfalls kann der Mitarbeiter durch das Mitarbeitergespräch die Entscheidungen der Führungskraft besser verstehen, dazu Stellung nehmen und sogar Alternativvorschläge entwickeln.[103]

---

[100]vgl. **Schneider, Willy** / a. a. O. / Seite 326.
[101]vgl. **Noll, Nathalie** / a .a . O. / Seite 235.
[102]vgl. **Jung, Hans** / a. a. O. / Seite 470.
[103]vgl. ebenso / Seite 470.

Somit fördert ein erfolgreiches Gespräch, das sich insbesondere durch den echten Dialog auszeichnet, das gegenseitige Verständnis, hilft Konflikte beizulegen und Probleme zu lösen, erzeugt Eigeninitiative und Engagement, gibt Feedback, reduziert die soziale Distanz zwischen Führungskraft und Mitarbeiter und kann so eine wahre Motivationsquelle sein.[104]

Das idealtypische Mitarbeitergespräch sollte daher eine Mischung aus verschiedenen Gesprächsarten darstellen, also Informations-, Beratungs-, Zielvereinbarungs-, Anerkennungs- und Problemlösungsgespräch in einem sein. Darüber hinaus sollten bei gegebenem Anlass Kritik- oder Konfliktgespräche durchgeführt werden.[105]

Die *Besprechung* wird im Gegensatz zum Mitarbeitergespräch mit mehreren Mitarbeitern gleichzeitig durchgeführt. Das dient der möglichst schnellen und gleichzeitigen Kommunikation. So soll die Information sowohl „von oben nach unten" wie auch „von unten nach oben" sichergestellt werden.[106]
Das Ziel der Kommunikation in Form einer Besprechung ist es, eine Gruppe von Mitarbeitern im Hinblick auf einen bestimmten zu erreichenden Zustand zu überzeugen, zu aktivieren und zu motivieren.[107]
Bei Besprechungen geht es inhaltlich um Arbeitsbesprechungen, Entscheidungsvorbereitungen und Problemermittlungen.

Bei der *Arbeitsbesprechung* gibt die Führungskraft selbst Informationen weiter und vermittelt eigene Vorkenntnisse. Um sicher zu gehen, dass die Information ankommt und verarbeitet werden kann, gibt es Gruppengespräche.[108]

Bei der *Entscheidungsvorbereitung* geht es um Probleme, die nur gemeinschaftlich gelöst werden können, und bei denen das Vorwissen der

---

[104] vgl. **Noll, Nathalie** / a. a. O. / Seite 235.
[105] **Wagner, Dieter** (Hrsg.) / Handbuch der Personalleitung – Funktionen und Konzeptionen der Personalarbeit im Unternehmen / München / 1992 / Seite 707.
[106] vgl. **Jung, Hans** / a. a. O. / Seite 473.
[107] vgl. ebenso / Seite 473
[108] vgl. ebenso / Seite 473

Führungskraft nicht mehr ausreicht. Hier sollen die Mitarbeiter folglich aus der Sicht der Arbeitserfahrung beitragen.[109]

Bei der *Problemermittlung* hält sich die Führungskraft zurück und ruft zunächst zu möglichst vielen Beiträgen auf. Weiterhin kritisiert und korrigiert sie Äußerungen möglichst nicht.[110]

Durch die inhaltliche Aufteilung der Besprechung bedarf es in der Regel auch einer intensiveren Vorbereitung als bei einem Mitarbeitergespräch.[111]

Bei der *internen Massenkommunikation* geht es um die massenmediale Beeinflussung der Mitarbeiter via Firmenzeitschriften, Betriebsversammlungen u.ä..[112]

In der nun folgenden Abbildung sind verschiedene Modelle der internen Massenkommunikation dargestellt:

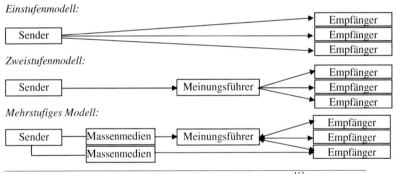

Abbildung 6: Ausgewählte Modelle der Massenkommunikation[113]

Bei der internen Massenkommunikation geht es primär um die Förderung einer umfassenden innerbetrieblichen Information und Kommunikation.[114]

---

[109]vgl. **Jung, Hans** / a. a. O. / Seite 473.
[110]vgl. ebenso / Seite 473.
[111]vgl. ebenso / Seite 473.
[112]vgl. **Noll, Nathalie** / a. a. O. / Seite 35.
[113]vgl. **Schneider, Willy** / a. a. O. / Seite 328.
[114]**Haedrich, Günther; Barthenheier, Günter & Kleinert, Horst** (Hrsg.) / Öffentlichkeitsarbeit – Dialog zwischen Institutionen und Gesellschaft / Berlin; New York / 1982 / Seite 93.

Den Mitarbeitern soll erleichtert werden, Sinn und Zweck der Arbeit zu erkennen sowie zu einer realistischen Beurteilung betrieblicher Probleme zu gelangen, indem die Mitarbeiter über Vorgänge unterrichtet werden, die sie und das Unternehmen betreffen. So kann man eine wesentliche Verbesserung der Mitarbeitermotivation sowie der Identifikation der Mitarbeiter mit dem Unternehmen erreichen. Weiterhin können interne Spannungen und Konflikte abgebaut werden. Der Zweck der internen Massenkommunikation ist die Ziele, Strategien, Programme und Aktionen des Unternehmens den Mitarbeitern zu vermitteln und ihnen gegenüber zu vertreten. Ebenfalls werden die Informationen, Meinungen und Verhaltenstrends der Mitarbeiter in die Erarbeitung und Umsetzung unternehmerischer Aktivitäten miteingebracht.[115]

Ein Nachteil bei der internen Massenkommunikation ist, dass sich die Botschaft nicht exakt auf die Bedürfnisse jeder einzelnen Zielperson abstimmen lässt. Ein weiterer wichtiger Kritikpunkt ist, dass der Kommunikationsprozess primär in eine Richtung verläuft. So hat der Empfänger folglich auch schwer die Möglichkeit mit Fragen, Antworten und Kritik zu reagieren.[116]

Wie schon oben erwähnt, ist die massenmediale Beeinflussung der Mitarbeiter der zentrale Punkt der internen Massenkommunikation. Jedoch darf diese Art der Kommunikation nicht lediglich als eine Information „von oben nach unten" verstanden werden, sondern es ist ebenso wichtig, dass die Kommunikation auch „zwischen oben und unten" bzw. „von unten nach oben" funktioniert.[117]
Aus diesem Grund gliedern sich die Massenmedien in Medien der Abwärtskommunikation, in Medien der gegenseitigen Kommunikation sowie in Medien der Aufwärtskommunikation.[118]

Zu den *Medien der Abwärtskommunikation* gehören Firmenzeitschriften bzw. Hauszeitungen, Themenbroschüren, Rundschreiben, aktuelle Sonderdienste,

---
[115] vgl. **Noll, Nathalie** / a. a. O. / Seite 209.
[116] vgl. ebenso / Seite 327.
[117] vgl. ebenso / Seite 212.
[118] vgl. ebenso / Seite 213.

Informationsbriefe, Aushänge bzw. Wandzeitungen, Themenausstellungen bzw. Vitrinen und Videofilme bzw. Werkfernsehen oder Werkfunk.[119]

Zu den *Medien gegenseitiger Kommunikation* gehören Betriebs- und Unternehmensversammlungen, Informationsveranstaltungen und Arbeitssitzungen einzelner Abteilungen, Besprechungen bzw. Tagungen und Klausuren von fachlich zusammenarbeitenden Bereichen, Projektteams bzw. Qualitätszirkel oder teilautonome Gruppen, Seminare bzw. Kurse oder Schulungen, Electronic Mail (E-Mail) bzw. Bildschirmtext (Btx), interaktive Trainingsmedien und das „rote Telefon", unter dem man die unmittelbare Telefonverbindungen zum Management versteht.[120]

Zu den *Medien der Aufwärtskommunikation* gehören Hauszeitschriften mit Raum für die Mitarbeiter, Mitarbeiterbefragungen, Brief- und Kummerkästen sowie das betriebliche Vorschlags- und Beschwerdemanagement.[121]

Um jedoch letztendlich die Kommunikation als wirksames Instrument zur Verbesserung der Mitarbeitermotivation einsetzen zu können, müssen sowohl die Mitarbeiter als auch die Führungskräfte die fünf Sätze der Kommunikation verinnerlicht haben:[122]

I. Man kann nicht nicht kommunizieren.

Das bedeutet, selbst wenn man regungslos und schweigend neben jemandem sitzt, vermittelt man in diesem Moment das Gefühl, dass man z.B. keinen Kontakt möchte.[123]

---

[119]vgl. **Noll, Nathalie** / a. a. O. / Seite 213 – 228.
[120]vgl. ebenso / Seite 213 – 228.
[121]vgl. ebenso / Seite 213 – 228.
[122]**Möller, Marion** (Trainerin) / Kommunikation in der Kundenberatung / 19. und 20. Februar 2004 / in Karlsruhe / Seite 6.
[123]vgl. ebenso / Seite 6.

II. **Kommunikation ist ein Verhalten, mit dem man jemandem etwas mitteilt.**

Diese Art der Mitteilung kann entweder bewusst oder unbewusst geschehen. Die Botschaften werden gesendet durch Sprache, Blickkontakt, Schrift, Bewegung, Gesten, Schweigen, Kleidung, Mimik, Zuspätkommen, wann etwas gesagt wird, wo es gesagt wird, in welchem Zusammenhang, usw..[124]

III. **Botschaften sind niemals nur sachliche Informationen.**

Jede sachliche Information wird begleitet von einer meist indirekten Aussage über die Beziehung zwischen den Gesprächspartnern. Hier unterscheidet man die sachliche Botschaft von der Beziehungsbotschaft. Bei der Sachebene geht es um eine direkte Aussage und von der indirekten Aussage spricht man bei der Beziehungsebene.[125]

IV. **Botschaften können in sich stimmig und einheitlich bzw. kongruent oder in sich unstimmig und widersprüchlich bzw. inkongruent sein.**

Bei der stimmigen und einheitlichen bzw. kongruenten Botschaft stimmt die direkte Aussage überein. Das bedeutet, dass die Sachebene, was gesagt wird, mit der Beziehungsbotschaft, wie es gesagt wird, identisch ist. Bei der unstimmigen Botschaft ist die indirekte Botschaft inkongruent. Diese Beziehungsbotschaften verursachen dann Verunsicherungen und Spannungen.[126]

V. **Die Sachebene, die sachliche Verständigung, ist den meisten Menschen bewusst.**

Wenn Menschen kommunizieren, scheint es zunächst einmal so, als ob sie sich lediglich über Dinge verständigen und informieren. Dabei nehmen die Menschen parallel ununterbrochen Beziehungen auf. Dabei ist es gut zu wissen, dass in vielen Fällen die Art und Weise, wie jemand etwas zu jemandem sagt (Botschaft auf der Beziehungsebene), bestimmt, was der andere versteht (Botschaft auf der Sachebene).[127]

---

[124] vgl. **Möller, Marion** (Trainerin) / a. a. O. / Seite 6.
[125] vgl. ebenso / Seite 6.
[126] vgl. ebenso / Seite 7.
[127] vgl. ebenso / Seite 7.

6 Fazit

In dieser Studienarbeit wurde anhand verschiedener materieller und immaterieller Instrumente versucht zu klären, welche Möglichkeiten es gibt, die Mitarbeitermotivation zu verbessern. Aus der Vielzahl der unterschiedlichen materiellen und immateriellen Möglichkeiten ist ersichtlich, dass es kein Patentrezept gibt, um die Motivation zu steigern, sondern dass das Zusammenspiel der vielen Instrumente auf die Bedürfnisse des jeweiligen Individuums angepasst werden muss. Hierbei sind besonders die Führungskräfte gefragt, die sensibel die jeweiligen Bedürfnisse der Mitarbeiter erkennen müssen, um so das geeignete materielle oder immaterielle Instrument zu finden, die Mitarbeiter effektiv zu motivieren.

Aus diesem Grund hat die Kommunikation auch so einen hohen Stellenwert als immaterielles Instrument zur Verbesserung der Mitarbeitermotivation. Denn um die Bedürfnisse der Mitarbeiter herauszufinden, müssen sich die Führungskräfte regelmäßig mit den Mitarbeitern auseinander setzen und Gespräche führen.

Nur so kann sich die Motivation als kritisches Erfolgselement im betrieblichen Alltag und aus unternehmerischer Sicht bestätigen.

Allerdings müssen ebenfalls günstige Vorraussetzungen für ein hohes, andauerndes Motivationsniveau geschaffen werden. Aus diesem Grund kommt dem wohldosierten Einsatz der unterschiedlichen materiellen und immateriellen Instrumente zur Verbesserung der Mitarbeitermotivation eine zentrale Bedeutung zu. Dieser wohldosierte Einsatz hängt aber nicht nur von den Führungskräften ab, sondern alle Mitarbeiter müssen sich ebenfalls darüber bewusst sein Verantwortung zu tragen, die Motivation aktiv zu pflegen, die Fairness im Alltag zu leben und der Maximierung monetärer Komponenten kritisch zu begegnen.

Erst dann steht einer Verbesserung der Mitarbeitermotivation durch die verschiedenen materiellen und immateriellen Instrumente nichts mehr im Wege.

Literaturverzeichnis

- **Berthel, Jürgen**
  Personalmanagement – Grundzüge der Konzeptionen betrieblicher Personalarbeit / 6. Auflage / Stuttgart / 2000.
- **Böhrs, H.**
  Leistungslohn / Wiesbaden / 1959.
- **Comelli, Gerhard; Professor & von Rosenstiel, Lutz; Professor Doktor Doktor h. c.**
  Führung durch Motivation – Mitarbeiter für Organisationsziele gewinnen / 3. erweiterte und überarbeitete Auflage / München / 2003.
- **Frey, Bruno S. & Osterloh, Margit** (Hrsg.)
  Managing Motivation – Wie Sie die neue Motivationsforschung für Ihr Unternehmen nutzen können / Wiesbaden / 2000.
- **Haedrich, Günther; Barthenheier, Günter & Kleinert, Horst** (Hrsg.)
  Öffentlichkeitsarbeit – Dialog zwischen Institutionen und Gesellschaft / Berlin; New York / 1982.
- **Harlander, N.; Heidack, C.; Köpfle, F. & Müller K.-O.**
  Praktisches Lehrbuch Personalwirtschaft / 3. Auflage / Landsberg am Lech / 1994.
- **Hennen, Manfred**
  Soziale Motivation und paradoxe Handlungsfolgen / Opladen / 1990.
- **Jung, Hans; Professor Doktor**
  Personalwirtschaft / 6., durchgesehene Auflage / München; Wien / 2005.
- **Kempe, Hans-Joachim; Diplom-Sozialwirt & Kramer, Rolf; Professor Doktor**
  Mitarbeitermotivation – Wunsch und Wirklichkeit / Bergisch Gladbach / 1993.
- **Mohn, Reinhard**
  Neue Ziele in der Welt der Arbeit / Gütersloh / 1992.
- **Möller, Marion** (Trainerin)
  Kommunikation in der Kundenberatung / 19. und 20. Februar 2004 / in Karlsruhe.

- **Nick, Franz R.**
  Management durch Motivation / Stuttgart; Berlin; Köln; Mainz / 1974.
- **Noll, Nathalie**
  Gestaltungsperspektiven interner Kommunikation / Wiesbaden / 1996.
- **Oehme, Wolfgang; Doktor**
  Führen durch Motivation – Überzeugen statt Anweisen; eine Führungskonzeption für die Praxis / Essen / 1979.
- **Richards, M. D. & Nielander, W. A.** (Hrsg.)
  Readings in Management / 2. Auflage / Cincinnati; Ohio / 1963.
- **Rump, Paul** (Hrsg.)
  Kaufmännisches Lexikon / München / 1985.
- **Schneider, Willy; Professor Doktor**
  Marketing und Käuferverhalten / München / 2004.
- **Schneider, Willy & Ossola-Haring, Claudia**
  Praxiswissen Management – Tools und Techniken für eine erfolgreiche Unternehmensführung / München / 2002.
- **Stroebe, Rainer W.; Diplom-Psychologe Doktor & Stroebe, Guntram H.; Diplom-Kaufmann**
  Motivation / 9., überarbeitete Auflage / Heidelberg / 2004.
- **Timmermann, Manfred** (Hrsg.)
  Personalführung / Stuttgart; Berlin; Köln; Mainz / 1977.
- **Unger, Fritz; Doktor**
  Marktgerechte Außendienststeuerung durch Leistungsanreize / Heidelberg / 1985.
- **von Friedeburg, Ludwig**
  Soziologie des Betriebsklimas – Studien zur Deutung empirischer Untersuchungen in Großbetrieben / 2. Auflage / Frankfurt am Main / 1966.
- **Wagner, Dieter** (Hrsg.)
  Handbuch der Personalleitung – Funktionen und Konzeptionen der Personalarbeit im Unternehmen / München / 1992.

- **Wagner, Dieter; Professor Doktor & Grawert, Achim; Professor Doktor**
  Sozialleistungsmanagement – Mitarbeitermotivation mit geringem Aufwand / München / 2002.
- **Weinert, Ansfried B.**
  Lehrbuch der Organisationspsychologie / 4. Auflage / München / 1998.
- **Weis, Hans C.**
  Unternehmensführung / Obertshausen / 1979.
- **Weyh, Helmut**
  Motivations-Management – Klaus Kobjolls Konzept der optimalen Mitarbeiterführung / München; Landsberg am Lech / 1993.
- **Wöhe, Günter; Professor Doktor Doktor h. c. mult. & Döring, Ulrich; Professor Doktor**
  Einführung in die Allgemeine Betriebswirtschaftslehre / 21., neubearbeitete Auflage / München / 2002.
- **Zink, Klaus J.; Professor Doktor & Schick, Gerhard; Diplom-Wirtschafts-Ingenieur**
  Quality Circles / 2., überarbeitete Auflage / München; Wien / 1987.
- http://www.lernen-heute.de
- http://www.wikipedia.de